NOTICE

SUR

M. LE DR VOILLEMIER

PRÉSIDENT DU COMITÉ ARCHÉOLOGIQUE DE SENLIS

LUE EN SÉANCE DU COMITÉ

PAR M. L'ABBÉ MAGNE

Président.

SENLIS

IMPRIMERIE ET LITHOGRAPHIE DE CH. DURIEZ

M.DCCC.LXV

NOTICE

SUR

M. LE DR VOILLEMIER

PRÉSIDENT DU COMITÉ ARCHÉOLOGIQUE DE SENLIS

LUE EN SÉANCE DU COMITÉ

PAR M. L'ABBÉ MAGNE

Président.

SENLIS

IMPRIMERIE ET LITHOGRAPHIE DE CH. DURIEZ

M.DCCC.LXV

NOTICE

SUR

M. LE DOCTEUR VOILLEMIER

PRÉSIDENT DU COMITÉ ARCHÉOLOGIQUE DE SENLIS.

I.

M. Voillemier (Jean-Baptiste-Marie-Joseph) naquit à Chaumont (Haute-Marne), en 1787. Nous ne possédons que peu de renseignements sur les années de son enfance. La réserve pleine de discrétion avec laquelle il parlait de lui, même dans les épanchements de l'intimité, ne nous a laissé presque rien connaître des premiers temps de sa vie. Son père était receveur général des aides et gabelles du Bassigny, place qui fut supprimée au moment de la Révolution, peu après la naissance du jeune Jean-Baptiste-Marie-Joseph. On ne reproche pas assez, à mon avis, à la révolution, les perturbations qu'elle amena dans les fortunes particulières : il est vrai, qu'en dehors de la biographie, l'intérêt de ces détails, aussi tristes qu'ils soient, disparaît dans l'horreur des crimes qu'enfanta la terreur ; mais combien de souffrances privées que l'histoire n'enregistre pas et qui n'en sont pas moins cruelles à rappeler ! La famille de M. Voillemier avait fait des pertes considérables, et lorsque vint pour lui l'âge de se livrer aux études, il fut heureux de trouver auprès de lui, dans sa famille même, un maître capable et dévoué, dont il disait souvent qu'il lui devait tout ce qu'il était. C'était un oncle de sa mère, l'abbé Bouchel, curé de Proverville, respectable ecclésiastique, qui avait possédé un canonicat dans l'église St-Maclou, de Bar-sur-Aube, bénéfice qui, depuis plus de cent ans, était la propriété de sa famille, et qui fut également supprimé à la révolution. Les mauvais jours passés, l'ancien chanoine demanda et obtint d'être chargé d'une paroisse de campagne, où d'assez nombreux loisirs lui permettaient de diriger l'éducation du fils de sa sœur. Je suis sûr qu'en lui consacrant un souvenir dans ce travail, je reste fidèle à un des sentiments les plus vifs de M. Voillemier, qui avait conservé pour son premier maître une affection et une reconnaissance filiales.

L'abbé Bouchel était un prêtre instruit et grave ; élevé dans des habitudes simples et austères qui convenaient à son caractère, il ne comprenait pas ce genre d'éducation molle, que les mœurs tendent à introduire parmi nous, *éducation pour rire,* pourrait-on l'appeler, et dont les résultats aussi sont toujours proportionnés à la peine qu'on a prise. Ce n'était pas, d'ailleurs, pour occuper seulement les premières années de sa jeunesse que le jeune Voillemier étudiait : l'instruction devait être pour lui, — il le pressentait déjà, et l'avenir ne trompa pas ses espérances, — l'instrument de sa carrière. Aussi ses premières années furent sérieuses, et c'est à cette influence des premiers jours qu'il faut rattacher les caractères les plus saillants que nous avons pu remarquer dans toute la vie de notre regretté président. Il avait appris, par les leçons et les exemples d'un maître qu'il vénérait autant qu'il l'aimait, le respect du devoir, ce noble sentiment qui domina toute son existence ; il avait puisé, dans ce modeste presbytère de village, l'amour de la simplicité, qu'il conserva toujours, même lorsque sa position, loin de lui en faire une nécessité, semblait devoir lui conseiller d'autres habitudes. En grandissant ainsi à l'ombre d'une église, sous la pieuse direction d'un prêtre, il avait appris quelque chose de plus grand et de plus important encore : il avait appris à être chrétien, et ces semences de foi jetées dans son âme, à l'âge où les impressions sont plus vives, devaient produire plus tard des fruits précieux. Le souvenir de cette première époque de sa vie était resté profondément gravé dans l'âme de M. Voillemier ; il n'en parlait jamais qu'avec un sentiment de reconnaissance qui avait quelque chose de particulièrement touchant. C'est que cette éducation, qu'on trouverait aujourd'hui trop sévère, était adoucie par les rapports de la plus douce et de la plus confiante affection. Le maître savait faire aimer les leçons de son expérience, et l'élève, désireux d'apprendre, savait estimer le prix de l'enseignement qu'il recevait. M. Voillemier avait pour la mémoire de son oncle un véritable culte ; il a gardé jusqu'à la fin les lettres qu'il en avait reçues aux diverses époques de sa vie, et lorsque (en 1825), il eut la douleur de perdre le maître vénéré de ses premiers ans, il réclama son cœur, qu'il conserva dans une urne comme une précieuse relique : il voulut qu'il reposât avec lui dans la tombe ; et un jour où il confiait à mon amitié le soin de remplir cette mission suprême, comme je lui demandais pourquoi il ne voulait pas laisser aux siens ce dépôt que de pieuses mains auraient si bien conservé après lui : c'est que personne, me dit-il, quelle que soit son affection pour moi, ne pourra jamais comprendre tout ce que je dois à cette mémoire chérie ; laissez-moi la consolation de pouvoir me dire d'avance que ce cœur sera à côté de moi dans mon cercueil ! Pouvait-il exprimer d'une manière plus touchante et mieux sentie, la reconnaissance que lui inspiraient les soins qui avaient formé sa jeunesse ?

Les impressions qu'il avait conservées de cette éducation étaient donc restées bien vivantes dans ses souvenirs. En revenant sur cette époque de sa vie, il faisait, avec le temps présent, des comparaisons qu'il était impossible d'attribuer à ce sentiment de complaisance personnelle qu'on reproche souvent aux vieillards, pour se dispenser de suivre les conseils de leur expérience, et il s'élevait avec une énergie qu'on ne songeait pas à trouver exagérée, tant elle était sincère, contre les usages qui tendent à prévaloir de plus en plus dans l'éducation de nos jours. Il ne comprenait pas qu'on n'élevât pas simplement les enfants, et qu'on ne les accoutumât pas de bonne heure à envisager la vie comme une suite de devoirs qu'il faut savoir accomplir quand même. Il condamnait ces mille ménagements qu'une tendresse inquiète se croit obligée d'inventer pour adoucir aux enfants les aspérités du chemin. Quand il se rappelait ses années passées à Proverville, où les occupations de l'étude, toujours austères à cet âge, les simples plaisirs que pouvait offrir une campagne et l'affection de son oncle avaient suffi à le rendre heureux ; il était sévère pour nos habitudes contemporaines, qui veulent faire entrer dans l'éducation des amusements, et des amusements recherchés, dont le moindre tort est de développer une vanité précoce, jointe à une futilité qui persiste longtemps après que l'enfant devrait être un homme. C'est le moyen, disait-il quelquefois, de rendre les enfants plus exigeants, sans qu'ils soient plus heureux.

Ces détails paraissent peut-être en dehors de mon sujet ; mais ils peuvent servir à nous faire connaître M. Voillemier et son caractère, qu'il convient surtout de faire ressortir, dans une réunion dont l'intimité semble autoriser plus de laisser-aller et d'abandon. Sous le bénéfice de cette observation, j'ajouterai que M. Voillemier qui, dans sa conversation, toujours très sobre sur lui-même, ne remontait pas souvent à ces temps de l'enfance, aimait cependant à en entretenir le souvenir dans son âme.

Sa reconnaissance, surtout, n'avait rien oublié, et aux dernières années de son existence, après un si long intervalle, il savait bien prouver à ses amis des premiers jours, lorsqu'il en revoyait quelqu'un, que ni l'âge, ni la fortune, n'avaient effacé dans sa mémoire la pensée, je ne dirai pas des services qu'il croyait leur devoir, car de jeunes camarades ne se rendent pas de services, mais des complaisances qu'ils avaient eues pour lui.

Le bon curé de Proverville, malgré son dévouement et son instruction, ne pouvait compléter seul l'éducation de son neveu. Napoléon venait de fonder l'Université, et déjà commençaient à se manifester les tendances, si fortement accusées depuis, en vertu desquelles nos écoliers devraient apprendre tout ce qui peut être su et encore quelque chose de plus. Formé à une école et dans un temps où, par un excès contraire, on se préoccupait plus de développer l'intelligence par de solides exercices, sans estimer assez la variété des connaissances qui aujourd'hui encombrent nos programmes, il dût se résigner à se séparer de son élève chéri, qui entra au collége de Chaumont.

Ce que furent les études du jeune écolier, nous pouvons le conclure, à défaut de renseignements précis, des habitudes de sa vie tout entière : M. Voillemier ne fut pas au collége un élève brillant, mais il fut, ce qui vaut mieux, un élève travailleur et consciencieux. Son intelligence ardemment curieuse, comme nous l'avons tous connue, aimait à marcher d'une manière sûre ; il avait la patience du travail, sans se laisser rebuter par les difficultés, qui arrêtent si souvent le progrès de ceux qui, au premier abord, sembleraient avoir les plus heureuses dispositions ; et s'il n'était pas l'élève le plus distingué de sa classe, il en était à coup sûr le plus laborieux et le plus exact dans l'accomplissement de ses devoirs.

J'ai tout lieu de croire, sans pouvoir l'assurer, qu'il ne termina pas ses études à Chaumont ; il passa peut-être quelque temps à Bar-sur-Aube et à Langres, avant d'aller s'installer à Paris ; les relations qu'il avait laissées dans ces deux villes le prouveraient suffisamment, quand même nous n'aurions pas de témoignages plus positifs. Il paraît certain qu'il commença à Bar-sur-Aube, l'étude de la pharmacie, à laquelle il se destina d'abord ; quant à son séjour à Langres, il est attesté par un des nombreux cahiers qu'il a laissés, et que je crois devoir signaler d'une manière spéciale, comme le premier indice d'un sentiment qui est resté toujours l'un des goûts les plus vifs de M. Voillemier, l'amour de l'art. Ce cahier est un véritable traité d'anatomie *en figures*, à l'usage des peintres : la double vocation de M. Voillemier semble s'annoncer dans ce travail, qui date de 1807, et qui, si j'ai bien interprété l'indication de la première page, a dû être fait à Langres. Sur 42 planches, dont plusieurs sont doubles quant au nombre des figures qu'elles représentent, M. Voillemier a dessiné toutes les parties anatomiques du corps humain que les peintres doivent connaître. Le dessin est fait avec toute l'exactitude que pouvait y mettre un futur médecin, et avec un fini qui révèle l'artiste. Le volume est précédé d'un avertissement qui démontre pour le peintre la nécessité de s'appliquer au dessin, et orné d'un frontispice. Ce travail, qui ne porte aucune indication, doit être la copie d'un ouvrage que j'ai le regret de ne pas connaître, et que notre jeune étudiant aura eu la patience de reproduire pour son instruction particulière. Ce trait, sur lequel je ne veux pas insister outre mesure, nous révèle déjà la méthode de travail à laquelle M. Voillemier a été fidèle pendant toute sa vie. Il pensait modestement de lui-même et de son esprit, et ne se croyait pas capable d'inventer ; aussi il tenait singulièrement à profiter des idées des autres; et pour être sûr de mieux se les approprier, il ne craignait pas d'écrire textuellement, quand il le pouvait, les passages dont il désirait conserver le souvenir. C'est ainsi que dans le même temps à peu près, il transcrivait avec le même soin scrupuleux, la Flore de de Lamarck, dont la copie occupa sans doute les loisirs que lui laissaient, à Bar-sur-Aube, ses premières études pharmaceutiques.

Ces travaux préparatoires l'avaient conduit jusqu'en 1808; il avait alors 21 ans ; c'est à cette époque environ qu'il arriva à Paris, pour y compléter des études de pharmacie qu'il n'avait qu'ébauchées en province. Son intention bien arrêtée paraît avoir été, dès le commencement, de se livrer à la médecine : mais les temps étaient durs ; sa famille ne pouvait faire pour lui de grands sacrifices : il fallait songer avant tout à se procurer une position assez lucrative ; car alors, comme aujourd'hui, la carrière médicale n'offrait pas à ceux qui débutaient des ressources suffisamment assurées ; la pharmacie, plus modeste, sans doute, présentait plus de garanties. Ne nous plaignons pas trop, Messieurs, de ces nécessités quelquefois douloureuses, qui sont une puissante excitation au travail. La fortune, à Paris surtout, a pour la jeunesse des tentations trop faciles ; M. Voillemier était assez énergiquement trempé pour savoir y résister, mais il n'eut pas même à les subir. Il arrivait dans la capitale avec un vif désir de s'instruire, avec le sentiment plus vif encore des sacrifices que faisait sa famille pour lui procurer cette instruction qu'il ambitionnait d'acquérir ; aussi se mit-il à l'œuvre immédiatement, avec une ardeur que rien ne devait plus ralentir. La vie d'étudiant, cette vie que des tableaux, hélas ! trop généralement fidèles, nous montrent toute de futilité et de désordre, fut pour lui une vie d'études et de préoccupations sérieuses ; et ses efforts furent bientôt récompensés par le succès. Il fut admis comme interne à l'hôpital St-Louis, où son exactitude et sa capacité le signalèrent aussitôt à la bienveillance des professeurs, aussi bien qu'à la confiance de l'administration. C'est qu'aussi il ne ménageait rien pour s'en rendre digne : il ne craignait pas, comme je le lui ai quelquefois entendu raconter, de faire les courses les plus fatigantes pour assister aux cours qu'il désirait suivre, et afin que son service de l'hôpital ne souffrît pas, il sacrifiait souvent le temps de son repos, pour rédiger les leçons qu'il avait entendues. Appliquant toujours la méthode dont je parlais tout-à-l'heure, il écrivait, ou il faisait écrire par des amis, quand il ne le pouvait pas faire lui-même, toutes les leçons auxquelles il avait assisté; c'est ainsi, pour le dire en une fois, qu'il a laissé, presque entièrement écrits de sa main, dix énormes volumes de cahiers, qui appartiennent tous à l'époque de son séjour à Paris, et qui forment le total effrayant de plus de 6,000 pages in-4°, d'une écriture compacte, telle qu'il l'a conservée jusqu'à la fin, et écrite sur ce papier solide tel qu'on n'en voit plus de nos jours, et avec un soin qu'on voit moins souvent encore. C'est le cours de chimie de Thénard, le cours d'hygiène de Hallé, les leçons de chirurgie de Marjolin, qu'il analysait ainsi, ou plutôt qu'il reproduisait, sans parler des cahiers d'histoire naturelle, qui occupent une grande place dans cette étonnante collection. Ce n'était pas sans peines et sans efforts, comme on le croirait peut-être, que le jeune étudiant se condamnait à ce genre de vie sévère. Il est des hommes qui diraient volontiers que le travail et la vertu sont une question de tempérament et de nature; pour qui a connu le caractère de M. Voillemier, si facilement ouvert aux impressions, et qui les ressentait avec une telle vivacité, il n'est pas difficile de deviner les luttes qu'il avait à soutenir contre lui-même; mais il avait son but constamment présent à ses yeux; c'est ce qui le faisait vigoureusement résister aux séductions qui auraient pu l'entraîner hors de la voie du travail. Il en est une à laquelle il succomba cependant une fois; et vraiment, la faiblesse, si faiblesse il y a, est tellement honorable pour sa mémoire, que je ne peux résister au plaisir de la citer. A cette époque déjà reculée — c'est de 1810 ou 1811 que je parle — ce n'était pas chose facile d'aller de Paris au fond de la Champagne : il fallait du temps, il fallait de l'argent pour accomplir le voyage. M. Voillemier, en venant à

Paris, était bien résigné à terminer ses études sans revoir sa famille : c'était pour lui sans doute un cruel sacrifice, mais il le croyait nécessaire, par conséquent il lui semblait possible. Il avait trop présumé de ses forces, et après quelques années d'absence, il se sentit pris de ce mal touchant et terrible qu'on appelait jadis le mal du pays, et qu'on ne connaît presque plus, depuis que tous les pays se touchent et semblent se confondre, et un beau matin, il partit par le coche, qui le ramena, en je ne sais combien de jours, auprès de ses parents. Il ne prit que le temps de les embrasser, et après s'être comme réchauffé au foyer de la famille, il revint se livrer avec un courage nouveau à ses chères études. Tant de persévérance méritait bien d'être récompensée, et le jeune interne obtint, au concours de pharmacie de 1812, trois succès tout-à-fait extraordinaires : on lui décerna le premier prix de chimie (médaille d'or), un deuxième prix d'histoire naturelle (médaille d'argent), et le premier accessit de pharmacie.

Peu après, quand il eut obtenu le diplôme de pharmacien, il revint à sa première idée d'étudier la médecine, et il le fit avec la même ardeur. C'est pendant les dernières années de son séjour à Paris, qu'il eut l'occasion d'entendre M. Frayssinous, qui essayait timidement d'abord, mais non sans courage, dans la chapelle des Carmes, et plus tard à St-Sulpice, les conférences religieuses, qui, transportées depuis à Notre-Dame, et prêchées par les Ravignan et les Lacordaire (je ne cite que ceux qui ne sont plus), ont eu un si grand retentissement et produit de si précieux résultats. Il paraît avoir été profondément touché de cette parole, qui lui rappelait, avec plus d'éclat, les pieux enseignements du presbytère de Proverville, et qui avait pour lui, outre l'attrait de la vérité, comme le charme d'une voix de famille : je ne suis pas étonné que cet écho, d'ailleurs puissant, des leçons de son enfance, ait réveillé en lui ses convictions chrétiennes, et suffi à prévenir l'effet des doctrines désolantes qui étaient alors trop généralement en vogue, surtout à la Faculté de Médecine. L'année même où il assistait assidûment aux conférences de St-Sulpice (1814), les malheurs de Napoléon attiraient sur la France, et sur Paris en particulier, les désastres de la première invasion. Je n'ai pas à m'expliquer ici sur des évènements qui appartiennent à l'histoire, et sur lesquels, d'ailleurs, quand on ne veut pas entrer dans des discussions de parti que j'éviterais par goût, quand même elles ne nous seraient pas interdites, il ne peut y avoir qu'un sentiment, celui du patriotisme humilié à la vue des maux et des douleurs de la France... Pour un jeune homme de 27 ans, qui déjà avait fait ses preuves en médecine et en pharmacie, il y avait autre chose à faire qu'à gémir sur ces malheurs. Témoin de ce dernier mouvement national qui voulait au moins, dans les désastres de la patrie, préserver la capitale de la domination de l'étranger, M. Voillemier aurait mis volontairement son dévouement et sa science au service des défenseurs de Paris. Il y eut pour lui quelque chose de plus honorable : il fut choisi par ses maîtres, qui appréciaient sa capacité, pour remplir les fonctions de chirurgien, auprès de l'armée qui luttait héroïquement, mais en vain, autour de la capitale : il assista, en cette qualité, à l'affaire dite des Buttes-Montmartre, où il montra tout ce qu'on pourrait attendre un jour de son zèle et de sa capacité.

Lorsque le calme fut un peu revenu, il se remit à ses études, qu'il termina en 1816. Il reçut le titre de docteur en médecine le 23 février de cette année, et un mois après environ, il venait s'établir à Senlis, préparé par de consciencieuses études, non moins que par des habitudes de dévouement, à fournir la longue carrière dans laquelle nous allons le suivre.

II.

C'est en 1816 que M. Voillemier vint se fixer à Senlis; il y est mort le 5 avril 1865; c'est donc une période de presque cinquante ans qu'il a passés au milieu de nous, pendant laquelle on l'a vu toujours dévoué à ses devoirs, toujours sur la brèche, aurais-je le droit de dire, puisqu'il est mort à la peine!

Pendant ce long espace, il sut mêler à des occupations professionnelles, qui absorbaient presque tout son temps, les longues et patientes recherches de l'archéologue, sans oublier, dans une vie déjà si remplie, les devoirs de convenance, que des relations chaque jour plus nombreuses, et les fonctions dont il ne tarda pas à être investi, multipliaient pour lui à l'infini. Il apportait même dans l'accomplissement de ces devoirs de simple politesse, un scrupule que le laisser-aller de nos habitudes aura quelque peine à comprendre.

Sans m'astreindre à un plan rigoureux que ne comporte pas la familière simplicité de cette notice, je rangerai sous divers titres les détails que j'ai pu recueillir. Je parlerai d'abord du médecin; nous étudierons ensuite l'archéologue. Si l'ordre chronologique souffre quelquefois de cette division, la clarté de mon récit, du moins, ne pourra qu'y gagner.

M. Voillemier était arrivé à Senlis après de fortes et longues études médicales; il était en outre muni des plus honorables et des plus sérieuses recommandations : ses maîtres, en effet, qui avaient pu apprécier les qualités de son esprit, lui avaient spontanément offert l'appui de leur patronage. Il venait dans une ville — ai-je besoin de le dire ici? — renommée par l'hospitalité de son accueil, et qui s'ouvre avec une bienveillance si facile à qui veut la servir suivant ses moyens. Toutefois, malgré ces avantages, les débuts de M. Voillemier furent pénibles.

C'est, il faut le reconnaître, la destinée ordinaire de ceux qui commencent, parce que c'est aussi une loi salutaire de la Providence, que la considération, la fortune, le succès, en un mot, ne se présentent pas d'eux-mêmes à celui qui entre dans la carrière. Quant à moi, j'aime pour la jeunesse cette obligation, dût-elle lui paraître quelquefois austère, de conquérir, même difficilement, la réputation, de se faire laborieusement une position, et de n'arriver que par des efforts personnels à tout ce qu'on appelle les biens de la vie. Telle fut la condition de M. Voillemier, à son arrivée à Senlis. Sa vie, telle que nous l'avons connue, montre suffisamment avec quelle énergie il sut triompher de ces inévitables obstacles; et si elle a été si pleinement remplie, si simplement dévouée, n'est-ce pas parce qu'elle fut soumise dans ses débuts à cette rude école, dont les épreuves ne se prolongèrent pas d'ailleurs au-delà de quelques mois? Dirai-je, pour lui faire honneur d'un stoïcisme qui ne fut jamais dans son caractère, qu'il ne ressentit pas les douleurs et les privations de cette situation? Elle s'aggravait pour lui de la pensée de son isolement et de l'éloignement dans lequel il vivait des siens. Les rares confidents, s'il en existe encore, de ces premiers moments, nous diraient qu'il fut quelquefois tenté de regagner ses pénates, mais qu'il eut le courage de résister à cette tentation. Bien lui en prit, car dès la fin de l'année 1817, il était appelé aux fonctions de médecin de l'hôpital, charge qu'il a conservée jusqu'à sa mort, en même temps qu'il était appelé à donner des soins aux enfants de St-Louis, comme on les appelait, c'est-à-dire qu'il était nommé médecin de l'Institution fondée à Senlis pour l'éducation des enfants des chevaliers de St-Louis. Dès ce moment, on peut dire que sa position était faite, et nous ne sommes pas étonnés de le voir s'allier, l'année suivante (1818), à une des familles les plus honorables de la ville, en épousant mademoiselle de Clastres. Cette union lui procura tous les avantages d'une nouvelle famille ; car la respectable madame de Clastres, qui l'avait choisi pour gendre, l'adopta en même temps comme un fils, et le traita toujours comme tel.

Les incidents ne peuvent être que rares dans l'existence d'un médecin qui se dévoue tout entier, en province, au soin de ses malades. La clientèle de M. Voillemier, devenue bientôt très nombreuse, lui laissait cependant quelques loisirs ; ou, plus exactement, disons qu'il savait en trouver, au milieu même des occupations les plus multipliées. Il revenait alors avec bonheur à ses études médicales : il était convaincu que si le médecin apprend beaucoup et se forme auprès du lit de ses malades, il ne doit pas négliger pourtant les études théoriques, qui, de nos jours surtout, et quoique en dise notre scepticisme, ont fait faire tant de progrès à l'art de guérir. C'est une mode, vieille déjà dans le monde, de médire de la médecine et des médecins, surtout quand on se porte bien, et je ne voudrais pas assurer que Molière n'eût en ce point, comme en bien d'autres, quelques ancêtres dans l'antiquité. Reconnaissons cependant que si ce qu'il y a de préférable, aujourd'hui comme toujours, c'est de ne pas avoir besoin de médecin, il est mieux d'avoir affaire à des médecins instruits, qu'à d'ignorants praticiens. Singulièrement jaloux, d'ailleurs, de la dignité de sa profession, M. Voillemier, qui, lorsqu'il était étudiant, s'était livré avec tant d'ardeur à l'étude des sciences, ne devait pas les abandonner plus tard ; et en récompense de ses travaux, l'Académie royale de Médecine l'admettait, en 1825 (le 26 mars), au nombre de ses membres correspondants.

Je disais tout-à-l'heure que la vie d'un médecin n'était pas, dans les circonstances ordinaires, exposée à de nombreux incidents. Hélas ! Messieurs, la Providence ménage quelquefois aux hommes d'épouvantables épreuves ; et quand elle déchaîne contre une génération un de ces terribles fléaux, que sa justice semble tenir toujours en réserve, heureuses du moins les populations qui, dans ces circonstances douloureuses, peuvent compter sur le dévouement des médecins ! L'année 1832 fut pour la ville de Senlis, pour les environs, et pour une grande partie de la France, une triste et cruelle époque. Qui ne se souvient de cette première invasion du choléra, la plus funeste de toutes, comme si le fléau avait voulu montrer du premier coup toute l'étendue de sa puissance ! Devant cet ennemi jusqu'alors inconnu, et par cela même plus redouté, les populations essayaient en vain de fuir; la maladie, et trop souvent la mort, savaient les atteindre. On a conservé le souvenir de ces désastres et de ces désolations : la statistique, qui se retrouve impassible et froide, quand le mal a disparu, nous dit que dans la seule ville de Senlis, près de quatre cents malades furent frappés dans l'espace de quelques mois, et que près de deux cents succombèrent. Un seul jour vit quarante-six nouveaux malades et jusqu'à vingt décès. Dans le canton, et pendant un temps moins considérable, trois cent quatre-vingt-huit personnes furent atteintes, et il y eut un peu moins de victimes que dans la ville; mais ce qu'on oublie trop facilement, peut-être, c'est le dévouement qui multiplia les prodiges, pour atténuer au moins les désastres. Je n'ai pas à faire la triste histoire du choléra de 1832 à Senlis : j'aurais à citer bien des noms que la reconnaissance des contemporains doit recommander au souvenir de la postérité ; je n'ai le droit ici que de parler de M. Voillemier. Dans ces moments si pénibles, malgré la fatigue physique, malgré l'émotion souvent plus difficile à dominer que la fatigue, il sut rester calme et se maintenir constamment à la hauteur de son devoir. Il n'y avait plus de différence entre le jour et la nuit : il ne rentrait chez lui que pour prendre les noms des personnes atteintes qu'on avait inscrites pendant son absence, sur une liste qui restait toujours ouverte, hélas ! et dont la longueur ne fatigua jamais son dévouement. C'est dans ces situations surtout, qu'un médecin peut montrer tout ce qu'il vaut ; c'est quand il lui faut soutenir une lutte qu'on peut appeler désespérée, qu'il doit faire preuve de calme et d'énergie : noble lutte, où il sacrifie son repos et ses affections, où il expose obscurément sa vie, à tous les instants du jour et de la nuit, sans être soutenu, comme le guerrier sur le champ de bataille, par l'espoir de la victoire, qu'il n'obtient pas toujours, ni par le prestige de la gloire, qui lui manque plus souvent encore. Les distinctions, quand elles viennent, n'arrivent que tard pour le médecin, et c'est à des sentiments d'un autre ordre qu'il doit demander le principe de son dévouement ! Deux autres fois dans le cours de sa carrière médicale, en 1849 et en 1854, M. Voillemier eut à lutter contre le choléra à Senlis ; mais la maladie fut moins terrible, et je m'arrête à ces deux époques, seulement pour rappeler qu'à la première, il fut lui-même légèrement atteint par la maladie, et qu'il obtint, en 1854, une médaille d'honneur pour les soins qu'il avait donnés aux cholériques.

Si la suite des faits m'a forcé de devancer l'ordre des temps, vous me permettrez bien de remonter de quelques années en arrière. Je ne me pardonnerais point de ne pas acquitter ici à la mémoire de M. Voillemier, la dette de reconnaissance que l'Instution St-Vincent, dont il fut le médecin pendant trente ans, a contractée envers lui. Lorsqu'en 1836, M. l'abbé Poullet, de sainte et si regrettable mémoire, vint fonder une maison d'éducation dans l'ancienne abbaye qu'on allait démolir, M. Voillemier était d'avance le médecin désigné de ce nouvel établissement. Vous dire la sollicitude avec laquelle il traitait ses jeunes malades, le scrupule avec lequel, jusqu'à ses derniers moments, il s'imposa l'obligation de les visiter tous les jours, ce ne serait rien vous apprendre. Ce qu'on ne sait peut-être pas assez au dehors, c'est le sage tempérament de douceur et de fermeté avec lequel il s'accommodait aux conditions d'un service qui a des exigences toutes spéciales. On médit volontiers des médecins ; mais s'ils voulaient se venger, que ne diraient-ils pas à leur tour des malades, et des difficultés avec lesquelles doivent compter ceux qui veulent les guérir : ces difficultés sont plus nombreuses encore quand il s'agit d'enfants et de jeunes hommes, surtout au collége : quelquefois ils ne savent pas expliquer les maladies qu'ils ont ; d'autres fois ils expliqueraient trop bien celles qu'ils n'ont pas. Puis, s'il y a des enfants gâtés, — et où n'y en a-t-il pas aujourd'hui ? — que de caprices avec lesquels le médecin doit bel et bien entrer en composition ! C'est, à coup sûr, une affaire de discernement et de tact, beaucoup plus qu'une question de science. M. Voillemier se démêlait on ne peut mieux, au milieu de ce petit monde. Je ne veux pas dire que toujours ses jeunes clients partaient enchantés de la manière dont il avait accueilli leurs plaintes. Lorsque le cas n'était pas grave, son caractère naturellement vif, donnait assez souvent à ses consultations un tour ingénieux, dont la franchise piquante ou même un peu brusque devait au moins rassurer le malade. Il n'avait plus le droit d'être inquiet, devant le sang-froid imperturbable et la gaîté un peu maligne du médecin. Ce qu'il y avait de mieux à faire, c'était de rire ; et quand un malade rit, il est bien près d'être guéri. Malheureusement, il y a des circonstances dans lesquelles l'esprit ne suffit pas contre le mal : c'est alors surtout que M. Voillemier était admirable de patience, d'abnégation et de dévouement.

Nos modestes annales ont eu à recueillir déjà plus d'un évènement douloureux ; souvenirs intimes et cruels que j'aurais passés sous silence, si je n'avais à dire que dans ces moments si pénibles, M. Voillemier, infatigable comme un ami et comme un père, ne reculait devant aucune fatigue ! il s'oubliait tout entier pour son malade, il le soignait comme s'il avait été l'un des siens, avec toutes les délicatesses et toutes les sollicitudes d'une affection vraiment paternelle. Tel nous avons vu, trop souvent hélas ! M. Voillemier au chevet de nos malades ; tel il s'est montré jusqu'à la fin. C'est parce qu'il s'est oublié ainsi jusqu'à sa dernière heure, qu'il est venu tomber chez nous, auprès du lit d'un jeune enfant, dont la situation ne justifiait pas même cet excès de sollicitude. Ce sera pour l'Institution St-Vincent un triste mais précieux souvenir, qu'elle conservera pieusement pour l'honneur de celui qui fut, pendant trente ans, son médecin et son meilleur ami.

Me suis-je laissé entraîner trop loin, par des impressions trop personnelles, en insistant sur le service de M. Voillemier à St-Vincent? Je m'en excuserais facilement en ajoutant que ce que M. Voillemier était dans l'infirmerie du collége, il l'était ailleurs aussi. Quelle que fût la vivacité, quelquefois un peu exclusive, de ses affections, son dévouement de médecin n'admettait aucun privilége. Profondément pénétré de l'idée de son devoir, qui dominait en lui toutes les impressions et tous les sentiments, ses malades, à ce titre seul, étaient pour lui des amis. Aussi quelles que fussent les tentations qui l'auraient parfois sollicité de voyager, il aurait cru manquer à ce qu'il devait à ses clients, en se permettant une de ces excursions que les habitudes actuelles rendent si faciles et si fréquentes. A part ses voyages de Paris, où l'appelaient ses études de numismatique, et où il ne restait que quelques heures, c'est à peine s'il s'absentait de Senlis, à de très rares intervalles, et lorsque des devoirs sacrés aussi, puisqu'ils touchaient aux affections de la famille, lui en imposaient la nécessité. Il est mort avec le regret, je le sais parce qu'il me l'a souvent exprimé, de n'avoir pu visiter Reims, qui est pourtant à notre porte. Il était donc toujours là, à la disposition de tous ceux qui croyaient avoir besoin de ses conseils ou de ses services, et le nombre en était grand. En effet, M. Voillemier avait su conquérir la confiance des médecins des environs, aussi bien que celle des malades; et, comme l'a si bien dit sur sa tombe celui de ses confrères qui s'est fait l'interprète de la douleur de tous, M. Voillemier était devenu le médecin consultant de l'arrondissement. Son savoir et son expérience faisaient rechercher ses conseils, en même temps que son caractère et cet art du savoir-vivre qu'il possédait, quand il le voulait, au suprême degré, prévenaient toute rivalité et tout froissement. Les malades, de leur côté, avaient foi en lui. Malgré un abord parfois un peu rude, et des apparences qui souvent le firent mal juger, tout le monde sait qu'il était bon et singulièrement bienfaisant. Les pauvres, surtout, n'ignorent pas le noble désintéressement avec lequel il exerça la médecine, et combien de fois, en allant les visiter, après les prescriptions de la science, il leur laissa des secours d'une autre nature, non moins précieux à leur indigence.

Je voudrais suivre encore le médecin sur un autre théâtre, et vous montrer M. Voillemier à l'hôpital, ce rendez-vous de toutes les faiblesses et de toutes les misères, où, malgré les secours de la science et les soins de la charité, la maladie est plus triste qu'ailleurs, où la familiarité de la mort, en lui enlevant quelque chose de sa solennité, ajoute peut-être à ses amertumes. Mais je ne veux pas fatiguer outre mesure votre bienveillante attention, je dirai tout d'un mot : M. Voillemier aimait son hôpital ; il le lui a bien prouvé, pendant près de cinquante ans qu'il a fait ce service presque sans interruption, et avec un désintéressement admirable. Ce n'est que dans les deux ou trois dernières années de sa vie, qu'il consentit à être suppléé pendant la saison la plus rigoureuse : les instances de l'amitié la plus importune ne purent jamais obtenir de lui qu'il fît de plus larges concessions aux soins que réclamait sa santé. L'hôpital, c'était son champ d'honneur à lui, et il lui fut fidèle jusqu'à la fin. D'autres vous parleraient du côté médical du service de M. Voillemier. Pour nous, profanes, nous ne pouvons pas le juger : nous ne savons que ce que tout le monde disait de son habileté, du succès des opérations qu'il eut souvent à pratiquer, et qui, même dans des cas très difficiles, réussissaient le plus souvent.

Telle était la situation de M. Voillemier, lorsqu'il y a seulement quelques années (sept à huit ans à peine), les mérites qu'il avait accumulés pendant une si longue carrière, appelèrent sur lui l'attention du gouvernemeat : il fut enfin nommé chevalier de la Légion-d'Honneur. Tous ceux qui le connaissaient applaudirent à cette distinction, qu'avait devancée depuis longtemps déjà l'opinion publique.

C'est à peu près dans le même temps qu'il songea à réaliser un projet qu'il avait longuement nourri, celui de créer un lien de fraternité plus étroite entre tous les médecins de l'arrondissement. M. Voillemier était pénétré d'un profond sentiment de respect pour son art, et la dignité du corps médical lui était à cœur; il croyait qu'elle trouverait de nouvelles garanties dans une association qui, outre ses avantages matériels, établirait entre tous ses membres comme une solidarité d'honneur. Sa pensée fut comprise et adoptée du plus grand nombre de ses confrères, qu'il eut la joie de voir répondre à son appel. Il était naturellement désigné au choix du gouvernement pour les fonctions de président de l'Association médicale, et il en remplit les charges jusqu'à son dernier jour, avec le même zèle et la même abnégation qu'il portait dans tout ce qu'il faisait.

Quiconque n'aurait connu dans M. Voillemier que le médecin savant et dévoué, ignorerait une grande partie de son existence, celle qu'il me reste à vous retracer.

III.

A ses études professionnelles, que son devoir, sinon ses affections, lui firent placer toujours en tête de toutes les autres, M. Voillemier joignit le goût des recherches archéologiques, qu'il cultiva pendant presque tout le cours de sa vie ; en effet, cette disposition se manifesta en lui dès les premières années de son séjour à Senlis. Il est assez de mode, aujourd'hui que ces études ont pris un grand développement et se répandent partout, de ne voir dans l'archéologie qu'une fantaisie innocente, dont on profite pour se donner un vernis de savant, lorsqu'on ne possède pas d'autres connaissances. Cette opinion, que j'appellerais calomnieuse, si nous n'étions pas intéressés à la juger malséante, ne peut venir que d'esprits à la fois très médisants et peu savants. Quoi qu'il en soit, elle ne saurait atteindre en rien la mémoire de notre vénéré président, dont le goût avait devancé de beaucoup ces caprices frivoles, si tant est qu'on veuille en trouver aujourd'hui ; son caractère ne se serait guère accommodé de ces ridicules prétentions. C'est un peu après 1820 — sans que je puisse fixer cette date d'une manière plus précise — que M. Voillemier commença à s'occuper de numismatique. Si ce goût n'avait pas été en lui profondément sincère, comme tous ses sentiments, et entièrement désintéressé de toute préoccupation de l'opinion, je dirais, d'après les circonstances, qu'il fut plutôt une protestation qu'un engouement. L'archéologie, en effet, n'était pas en vogue, à cette époque où on démolissait, à Senlis par exemple, tout ce qui restait, ou à peu près, des anciens remparts de la ville. C'est peut-être même à cette circonstance que la collection si précieuse et si riche de

M. Voillemier, dût son origine. Les travaux de destruction et de nivellement mirent au jour un grand nombre de monnaies antiques, qu'il n'y avait alors en quelque sorte qu'à ramasser, pour les acquérir : cette facilité dut le tenter, et une fois que la passion du collectionneur se fût emparée de lui, il poursuivit ses recherches avec un zèle qui ne se démentit pas jusqu'à la fin, et souvent au prix de beaucoup de fatigues et de grands sacrifices. Pendant quarante ans, il ne s'est pas fait une découverte de monnaies anciennes dans l'arrondissement et au-delà, qu'il ne soit allé les visiter; en dehors de ses trouvailles personnelles, des amis qui connaissaient ses goûts lui procuraient les pièces les plus intéressantes qui manquaient à sa collection; on savait qu'il ne reculait devant aucune dépense pour augmenter ses richesses numismatiques : aussi était-il parvenu à réunir une grande quantité de médailles, toutes de choix, pour leur rareté et leur conservation, et dont le nombre ou le prix faisaient de son médailler un des plus intéressants à visiter, parmi les collections particulières.

Ces recherches, auxquelles M. Voillemier consacrait tout le temps qu'il ne devait pas à ses malades, lui avaient créé les plus honorables relations; et sans entrer dans des détails dont l'intimité toucherait à l'indiscrétion, je me contenterai de dire qu'il est peu de savants, avec qui il ait eu des rapports d'études, qui ne soient devenus ses amis : c'est qu'il savait mettre dans ces communications toutes de science, avec les agréments de l'esprit, une politesse, je dirai plus, une prévenance qui venait du cœur; M. Voillemier était, d'ailleurs, vis-à-vis de ceux qu'il consultait pour fixer ses opinions, quand elles étaient incertaines, particulièrement modeste et toujours reconnaissant. Aussi venait-on volontiers visiter son médailler, parce qu'on était assuré de trouver chez lui, avec une collection curieuse, la plus délicate et la plus affectueuse hospitalité.

Si M. Voillemier aimait ses médailles, ce n'était pas à la manière de ces maniaques de collections, véritables *avares de la science*, qui amassent pour amasser, et qui se complaisent dans la béate contemplation de leurs richesses : s'il aimait à augmenter tous les jours ses richesses numismatiques, c'était moins encore dans des préoccupations mercantiles qui ne sont pas toujours étrangères au zèle qui semble partir du plus pur amour de la science. M. Voillemier aimait sa collection d'abord pour l'étudier : avec quelle joie il se retrouvait en présence de ses précieux tiroirs, lorsque le soir il revenait fatigué de ses excursions de médecin! Avec quelle patience il décrivait ses médailles, avec quel amour et quelle délicatesse il les dessinait! car il cultiva, tant que ses yeux le lui permirent, ce talent de dessinateur auquel nous l'avons vu s'exercer dès sa jeunesse. Et puis, avec quelle ardeur il recherchait dans les vieux livres, dans les collections de la bibliothèque impériale les renseignements qui pouvaient éclairer son opinion! Ceux qui accusent l'archéologie d'être une science frivole, ne se sont jamais rendu compte des efforts souvent ingrats, des recherches toujours arides auxquelles se condamne le malheureux investigateur qui veut mener à bonne fin une question controversée, fixer un point contesté, établir l'authenticité d'une monnaie, en déterminer l'attribution ou l'origine. C'étaient là les travaux auxquels se livrait M. Voillemier; et de nombreuses études qu'il a publiées à diverses époques prouvent la fécondité aussi bien que l'importance de ses recherches. C'est dans une revue spéciale, la *Revue de numismatique*, qu'il publia, de 1840 à 1850, divers articles appréciés des connaisseurs (1). Tous, ou presque tous, traitent de monnaies nationales : c'était, en numismatique, la spécialité de M. Voillemier, de même que, dans l'ensemble de l'archéologie, il avait choisi la numismatique pour en faire l'objet spécial de ses études; sa collection, qu'il était loin de fermer aux monnaies des autres temps et des autres peuples, est surtout remarquable par les pièces relatives à notre histoire nationale.

Cette préférence s'accuse également dans ses derniers ouvrages : l'*Essai sur les monnaies de Beauvais*, publié dans le Bulletin de la Société académique de l'Oise, et dont j'ai eu l'hon-

---

(1) Notice sur un sou d'or mérovingien, *Revue num.*, 1840. Des premières monnaies mérovingiennes, et spécialement de quelques-unes de Théodebert Ier, *Rev.*, 1841. Notice sur une monnaie inédite de l'un des comtes de Nevers, *Rev.*, 1845. Note relative aux triens de Choë, *Rev.*, 1846. Lettre à M. Cartier sur la monnaie de Choë, 1850.

neur de rendre compte au Comité (Bulletin, t. I, p. 34); et l'*Essai sur les monnaies de Soissons*, publié dans les Mémoires de la Société des Antiquaires de Picardie. — Pourquoi avons-nous à regretter qu'il n'ait pas achevé une étude analogue sur les monnaies de Senlis? Les recherches préliminaires étaient faites, les notes recueillies; le travail définitif est même commencé. Espérons au moins que le Comité ne perdra pas entièrement le fruit de ces études, qui nous étaient destinées, et qui nous auraient particulièrement intéressés! Si la bonne volonté, en pareille matière, pouvait suppléer à la science, au lieu d'une espérance, je serais heureux d'exprimer une certitude, et de promettre au Comité la continuation de ce travail.

M. Voillemier aimait enfin sa collection pour la conserver. Il tenait à chacune de ses pièces, et les offres les plus séduisantes d'argent ne pouvaient guère le persuader de s'en défaire. Une de ses préoccupations, surtout dans les dernières années de sa vie, était de savoir ce qu'il adviendrait après lui de ces richesses, qu'il avait tant aimées : la pensée de les voir devenir la proie des marchands de médailles ou de curiosités, lui était singulièrement pénible. Autant qu'il le put, il voulut prévenir cette dispersion. Jaloux d'accomplir des désirs qui, pour eux, sont sacrés, sa fille et son gendre conservent la collection dans la famille : elle y restera comme un monument précieux qui témoignera des études et des goûts de celui qui l'a formée, et comme un exemple puissant pour celui de ses petits-fils en particulier qui doit la recueillir un jour.

Ce n'était pas d'ailleurs à sa collection, quoiqu'elle eût ses prédilections, que M. Voillemier bornait ses travaux archéologiques. Longtemps même avant la fondation de notre Comité, il aimait à s'occuper d'histoire, et spécialement d'histoire locale. Il ne laissait échapper aucune occasion de se procurer les objets qui s'y rattachaient : sa bibliothèque renfermait tous les livres qui traitent des antiquités du Beauvaisis, du Valois et de la Picardie; et à côté de sa riche collection de médailles, où s'accusent d'ailleurs les mêmes préférences, il réunissait, dans une autre collection plus modeste, jusqu'aux débris qu'il pouvait recueillir de l'ancien Senlis. — Quelques-uns de ces objets avaient une valeur historique que le Comité surtout ne doit pas méconnaître : ce sont ceux qu'une dernière volonté de M. Voillemier nous a légués, avec l'espoir qu'ils ne quitteraient pas la ville qu'ils intéressent : c'est d'abord la crosse de notre illustre évêque Guérin, qui mériterait d'être reproduite par le dessin dans notre prochain volume; et ensuite quelques sceaux, qui appartiennent à nos anciennes églises (St-Frambourg, St-Rieul et la Cathédrale).

Ces études, dans lesquelles, on peut le dire, M. Voillemier avait devancé ce qu'on appelle aujourd'hui la mode, l'avaient recommandé aux diverses sociétés qui se sont fondées à Paris ou dans la province, pour favoriser les études d'histoire nationale et locale. Plusieurs étaient heureuses de le compter parmi leurs membres, et lui-même coopérait à leurs travaux dans la mesure des loisirs que lui laissaient ses occupations de médecin. Ainsi il faisait partie, presque depuis son origine, de la *Société française pour la conservation des monuments*, fondée en 1833 par l'infatigable M. de Caumont, qui a été, depuis plus de quarante ans, le plus zélé promoteur des études archéologiques en province. A peu près à la même époque, avant que le mouvement se fût précisé, en se portant surtout à l'étude des monuments, il s'était fait inscrire au nombre des membres de l'Institut historique, fondé aussi en 1833, de la Société de l'Histoire de France, en 1835, et il suivait avec un intérêt sérieux les travaux de ces diverses sociétés. Son nom appartenait de droit à la Société des Antiquaires de Picardie, à la Société académique de l'Oise, dont les publications furent quelquefois enrichies de ses travaux. Plusieurs autres réunions du même genre se l'étaient également associé à titre de correspondant. Lorsque la pensée naquit, il y a bientôt trois ans, de fonder le Comité archéologique de Senlis, malgré son âge et les fatigues de sa santé, il fut l'un de ceux qui adoptèrent ce projet avec le plus d'empressement. Inutile de dire que la voix unanime des fondateurs le désigna par acclamation pour en être le président; sa modestie opposa quelques difficultés, que nous fûmes assez heureux pour pouvoir lever; et vous savez, sans que j'aie besoin de le rappeler, avec quelle scrupuleuse exactitude il remplit ses fonctions, jusqu'au jour qui nous l'enleva, et où il voulait encore venir présider le lendemain une de nos réunions mensuelles. C'est surtout pour honorer son titre de Président de notre Comité, qu'il voulut, il y a deux ans, faire partie de la Société impériale des Antiquaires de France, dont ses travaux numismatiques lui ouvrirent facilement l'entrée.

Ce serait un soin inutile ici, de relever les qualités de notre si regretté président : tous nous l'avons vu à l'œuvre, et j'ai essayé, moi-même, dans une autre circonstance, d'en retracer le souvenir qui, d'ailleurs, n'est pas affaibli dans nos âmes. Nous l'avons vu, encore plein d'ardeur, nous lire, dans une des dernières séances qui ont précédé sa mort, le dernier travail dont il se soit occupé : sa notice sur la famille des Bouteillers de Senlis. Il se croyait obligé de concourir personnellement, plus que les autres, aux études du Comité, auquel il consacrait tous ses soins; quelques jours avant celui qui devait nous l'enlever, il avait fait un dernier voyage à Paris, exclusivement en faveur de nos arènes.

Si cette notice n'était pas déjà si longue, j'essaierais peut-être, avant de terminer, de caractériser l'homme que nous avons perdu, et après avoir suivi M. Voillemier dans sa carrière de médecin, dans ses études d'archéologue, je vous le montrerais dans les relations de la vie privée, qui lui avaient gagné de si nombreux et de si dévoués amis.

Qui de vous n'a apprécié son inépuisable bonté, quoiqu'il la dissimulât sous des formes qu'on pouvait quelquefois trouver peu agréables ou même trop vives? Ces apparences, pour qui ne pénétrait pas au-delà, ne pouvaient faire juger tout ce qu'il y avait d'exquise délicatesse dans son âme. Personne plus que lui n'était sensible à une politesse, à une attention, à un service si petit qu'il fût, quand on avait l'occasion de lui en rendre. Il se reconnaissait obligé, dans toute l'acception du mot, comme s'il avait contracté une dette, et un des chagrins de sa dernière année, c'était de ne pouvoir pas témoigner à tous ceux qui s'intéressaient à lui, la reconnaissance qu'il en éprouvait. Je parle de chagrins ; je n'ai rien à dire de ses douleurs, qui restèrent toujours le secret de son cœur; ce serait plus que de l'indiscrétion de les tirer du mystère dans lequel sa résignation les déroba toute sa vie, même aux confidences les plus intimes de l'amitié. Et pourtant qui, plus que lui, savait être ami dans toute l'étendue des devoirs qu'impose ce titre, avec toutes les délicatesses du sentiment le plus exquis. On dirait que le principe dont il avait fait la règle de toutes ses actions — s'oublier toujours lui-même — il le portait jusque dans les communications de l'amitié; avec lui ce n'était pas un échange, il fallait toujours recevoir et ne jamais donner. Il ne demandait qu'une chose de ses amis, c'était de pouvoir compter sur eux et sur leurs sentiments. La vivacité naturelle de son caractère, jointe à la délicatesse de cœur qu'il apportait dans toutes ses relations, ont pu le rendre quelquefois susceptible, mais rien ne pouvait altérer la bonté de son cœur.

Est-ce aussi parce qu'il était bon, que M. Voillemier ne fut jamais un homme de discussion et de parti? Il a vécu dans des temps agités et même profondément divisés; je ne crois pas cependant que ses opinions, très arrêtées au fond, lui aient jamais suscité d'ennemi. En toutes choses, il ne voulait que ce qu'il croyait être le bien, et une de ses maximes était qu'on ne peut l'accomplir qu'à la condition de s'entendre sur les moyens de le réaliser. Le spectacle des luttes auxquelles il avait assisté pendant sa longue vie ne l'avait pas rendu sceptique; son esprit, aussi droit que ferme, aurait répugné à ces molles complaisances; mais il lui avait appris un sage respect pour les opinions contraires aux siennes, lorsqu'il les croyait sincères; même quand il était obligé de les combattre, il le faisait avec la convenance et la courtoisie d'un homme bien né, sans passion et surtout sans rancune. C'est ce que nous avons vu toujours dans nos réunions du Comité, et ses collègues du Conseil municipal, comme ses confrères de l'Association médicale, rendraient, j'en suis sûr, le même hommage à la modération qu'il apportait dans la défense de ses propres idées, et à la déférence qu'il témoignait toujours à celles des autres.

Ses goûts restèrent jusqu'à la fin d'une simplicité que ne comprennent plus guère les habitudes modernes. Possesseur d'une belle fortune, qu'il devait à son travail personnel, autant qu'à son mariage, il savait user de l'argent sans le prodiguer. Généreux à l'excès, pourrait-on dire, quand il s'agissait d'une dépense conforme à ses goûts, et surtout pour celles qui intéressaient son cœur, il était pour lui-même d'une simplicité sévère.

Ses collections, sa bibliothèque, les pauvres surtout profitaient de ces sages économies qui, d'ailleurs, n'étaient pas pour lui des privations.

Depuis plusieurs années déjà, M. Voillemier avait compris qu'une existence si complètement et si noblement remplie devait avoir pour couronnement une fin chrétienne. Les impressions de ses premières années, dont l'influence était constamment restée présente à son âme ; l'expérience de la vie, toujours féconde en utiles enseignements, pour qui sait en recueillir les leçons, le ramenèrent convaincu aux croyances et aux pratiques religieuses. Simple et sincère en cela comme dans tout le reste, il accomplissait ses devoirs avec une fidélité scrupuleuse, sans faiblesse et sans ostentation — ce qui est bien la meilleure manière d'être chrétien dans le monde — se contentant d'avoir Dieu seul pour témoin de sa foi.

Tel il était, Messieurs, et tel nous le voyions vieillir au milieu de nous. Malgré des symptômes qui se reproduisaient trop fréquemment depuis quelques années, à voir l'ardeur toujours vive de son esprit, et son infatigable activité, on aurait pu, on aurait voulu espérer surtout qu'il nous serait conservé quelque temps encore. Quant à lui, il ne se faisait aucune illusion sur la nature et les progrès du mal dont les crises devenaient, à mesure que nous avancions, plus nombreuses et plus graves. Il avait fait généreusement le sacrifice de sa vie ; je ne dirai pas qu'il le fit sans aucun regret : il laissait après lui des affections trop tendres et trop vives, pour ne pas souffrir à la pensée de cette suprême séparation, mais il sut se résigner. Dans une des crises qui précédèrent immédiatement la dernière, il m'annonça lui-même, avec toute la perspicacité et tout le sang-froid d'un médecin donnant une consultation pour un autre que pour lui-même, qu'il venait de toucher à la limite de la mort et qu'il ne résisterait pas à une seconde attaque pareille. Il disait trop vrai. Tout le monde sait le reste : comment il était venu à la visite ordinaire du matin à St-Vincent, où il fut surpris, en arrivant, par une de ces redoutables crises. Elle devait être, ou à peu près, la dernière. Il ne m'appartiendrait pas de dire qu'aucun secours ne lui fit défaut à ses derniers moments, si je ne devais rappeler l'empressement avec lequel ses confrères vinrent le visiter, l'affection que lui prodigua son neveu, M. le docteur Boursier, de Creil, et l'infatigable dévouement de sa fille, qui ne voulut le quitter ni le jour, ni la nuit. Du reste ces soins ne devaient pas se prolonger. Ayant, au bout de deux jours, retrouvé un peu de calme, il voulut rentrer chez lui : ce fut son dernier effort, et comme la dernière victoire de son énergique volonté sur son corps déjà frappé du coup fatal. Il eut à peine le temps de regagner sa demeure, de s'asseoir une dernière fois à son foyer, d'où il gagna précipitamment son lit, pour y rendre le dernier soupir le 5 avril de cette année. Le surlendemain, toute la ville en deuil, riches et pauvres, confondus dans une douleur commune et appréciant la perte qu'ils avaient faite, rendaient les derniers devoirs à celui qui, dans le cours de sa longue et noble carrière, avait soulagé tant de maux, consolé tant de douleurs, et qui avait été l'ami de tous. Pour nous, Messieurs, il nous reste de notre vénéré et bien aimé président, avec le souvenir de ses exemples, les immortelles espérances qu'une mort vraiment chrétienne laisse à tous ceux qui l'ont aimé ici-bas.

www.ingramcontent.com/pod-product-compliance
Ingram Content Group UK Ltd.
Pitfield, Milton Keynes, MK11 3LW, UK
UKHW021938200726
13855UKWH00007B/1580

9 782013 048620